Impressum
Verlag: BABADADA GmbH, Nedderfeld 112 , 22529 Hamburg
Geschäftsführer / Verlagsleitung: Harald Hof
Druck: Books on Demand GmbH, In de Tarpen 42, 22848 Norderstedt

Imprint
Publisher: BABADADA GmbH, Nedderfeld 112 , 22529 Hamburg, Germany
Managing Director / Publishing direction: Harald Hof
Print: Books on Demand GmbH, In de Tarpen 42, 22848 Norderstedt, Germany

škola

בית ספר

dijeliti
חילק
186/2
tabla
לוח
učionica
כיתה
školsko dvorište
učitelj, nastavnik
מורה
papir
נייר
pisati
כתב
olovka
עט
pisaći sto
שולחן עבודה
lenjir
סרגל
knjiga
ספר
učenik
תלמיד

torba

ילקוט

pernica

קלמר

drvena olovka

עיפרון

šiljalo za olovke

מחדד

gumica

גומי מחיקה

blok za crtanje

חוברת סרטוט

crtež

סרטוט

kist

מברשת

kutija s bojama

קופסת צבעים

makaze

מספריים

ljepilo

דבק

vježbanka

ספר תרגול

domaća zadaća

שיעור בית

broj

מספר

sabirati

חיבר

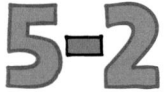

oduzimati

חיסר

množiti

הכפיל

računati

חישב

slovo

אות

abeceda

אלפבית

riječ

מילה

tekst

טקסט

čitati

קרא

kreda

גיר

sat

שיעור

školski dnevnik

יומן נוכחות

ispit

מבחן

svjedočanstvo

תעודה

školska uniforma

תלבושת בית ספר

izobrazba

חינוך

leksikon

אנציקלופדיה

univerzitet

אוניברסיטה

mikroskop

מיקרוסקופ

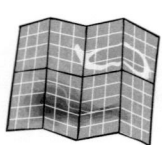

karta

מפה

korpa za papir

סל נייר

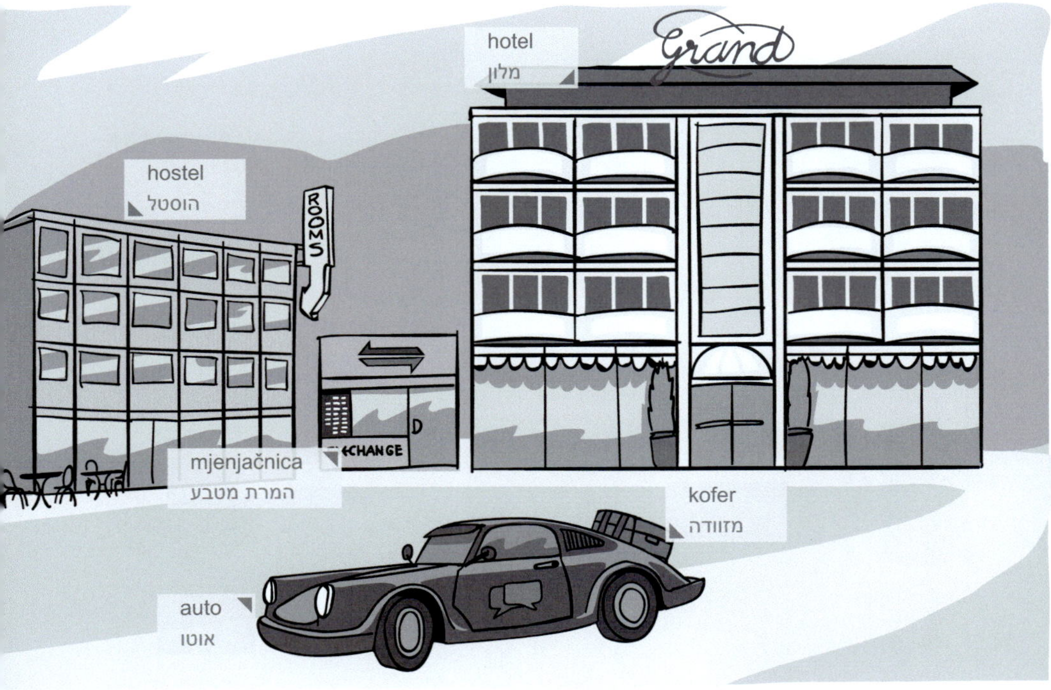

Grand
hotel
מלון
hostel
הוסטל
ROOMS
mjenjačnica
המרת מטבע
kofer
מזוודה
auto
אוטו

jezik

שפה

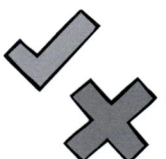

da / ne

כן / לא

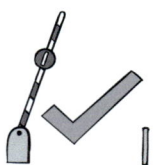

okej

בסדר

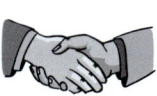

zdravo

שלום

tumač

מתרגם

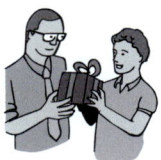

hvala

תודה

Koliko košta...?

כמה עולה.....?

Ne razumijem

אני לא מבין

problem

בעיה

dobro veče!

ערב טוב!

Dobro jutro!

בוקר טוב!

Laku noć!

לילה טוב!

doviđenja

להתראות

smjer

כיוון

prtljag

כבודה

torba

תיק

ruksak

תרמיל גב

gost

אורח

soba

חדר

vreća za spavanje

שק שינה

šator

אוהל

turističke informacije

מרכז מידע לתיירים

plaža

חוף ים

kreditna kartica

כרטיס אשראי

doručak

ארוחת בוקר

ručak

ארוחת צהריים

večera

ארוחת ערב

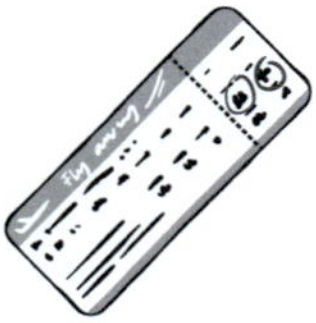

putna karta

כרטיס

lift

מעלית

poštanska markica

בול

granica

גבול

carina

מכס

ambasada

שגרירות

viza

אשרה

pasoš

דרכון

transport

תחבורה

avion
מטוס
brod
אונייה
vatrogasno vozilo
כבאית
kamion
משאית
autobus
אוטובוס
motorni čamac
סירת מנוע
biciklo
אופניים
auto
אוטו

trajekt

מעבורת

brod

סירה

motocikl

אופנוע

policijski automobil

ניידת משטרה

trkaći automobil

מכונית מרוץ

unajmljeni automobil

רכב שכור

kar-šering

מכוניות בשיתוף

pauk

אוטו גרר

smećarsko vozilo

משאית זבל

motor

מנוע

gorivo

דלק

benzinska pumpa

תחנת דלק

saobraćajni znak

תמרור

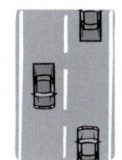

saobraćaj

תנועה

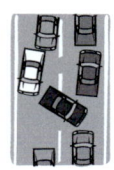

zastoj

פקק תנועה

parking

חניה

željeznička stanica

תחנת רכבת

šine

פסי רכבת

voz

רכבת

tramvaj

רכבת קלה

vagon

קרון

helikopter

מסוק

aerodrom

שדה-תעופה

toranj

מגדל

putnik

נוסע

kontejner

קונטיינר

karton

קרטון

tačke

עגלה

korpa

סל

poletjeti / sletjeti

המראה / נחיתה

grad

עיר

selo

כפר

centar grada

מרכז העיר

kuća

בית

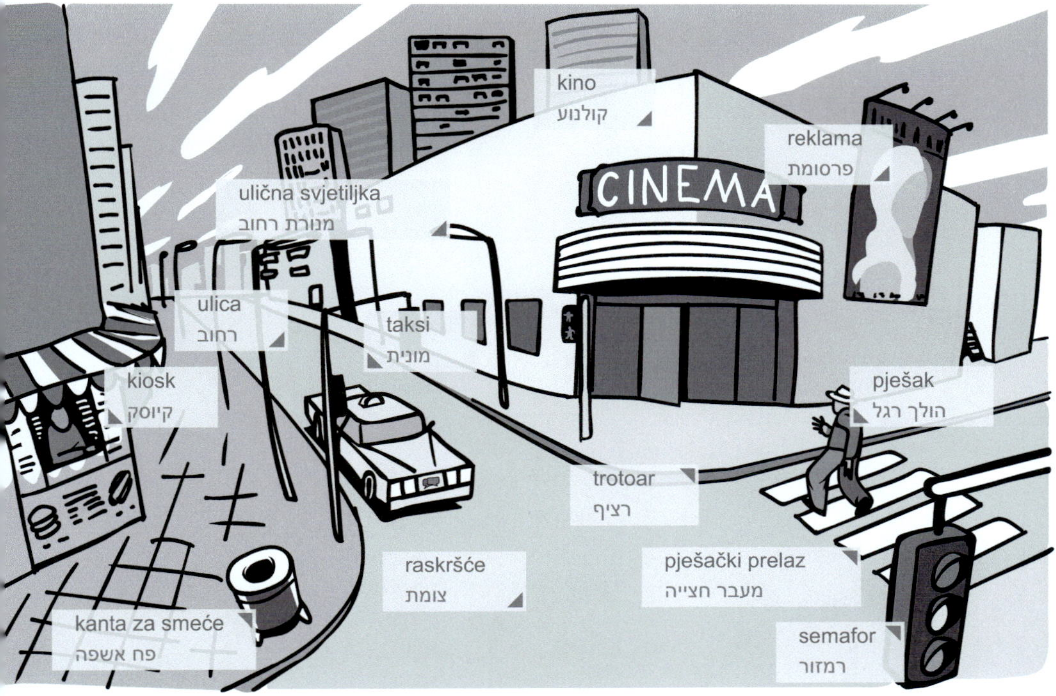

CINEMA

kino
קולנוע

reklama
פרסומת

ulična svjetiljka
מנורת רחוב

ulica
רחוב

taksi
מונית

kiosk
קיוסק

pješak
הולך רגל

trotoar
רציף

raskršće
צומת

pješački prelaz
מעבר חצייה

kanta za smeće
פח אשפה

semafor
רמזור

koliba

בקתה

stan

דירה

željeznička stanica

תחנת רכבת

vjećnica

עירייה

muzej

מוזיאון

škola

בית ספר

univerzitet

אוניברסיטה

banka

בנק

bolnica

בית חולים

hotel

מלון

apoteka

בית מרקחת

ured

משרד

knjižara

חנות ספרים

radnja

חנות

cvjećara

חנות פרחים

supermarket

סופרמרקט

pijaca

שוק

robna kuća

כל-בו

prodavač ribe

מוכר דגים

trgovački centar

קניון

luka

נמל

park

פארק

klupa

ספסל

most

גשר

stepenice

מדרגות

podzemna željeznica

רכבת תחתית

tunel

מנהרה

autobuska stanica

תחנת אוטובוס

bar

בר

restoran

מסעדה

poštanski sandučić

תא דואר

saobraćajni znak

שלט רחוב

sat za naplatu parkinga

מדחן

zološki vrt

גן חיות

bazen

בריכת שחיה

džamija

מסגד

seosko imanje

חווה

zagađenje okoline

זיהום

groblje

בית עלמין

crkva

כנסייה

igralište

מגרש משחקים

hram

בית מקדש

krajolik

נוף

list
עלה

putokaz
תמרור

putokaz
דרך

livada
מרעה

kamen
אבן

drvo
עץ

putnik
מטייל

rijeka
נהר

trava
דשא

cvijet
פרח

dolina

בקעה

brdo

הר

jezero

אגם

šuma

יער

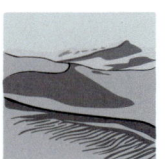

pustinja

מדבר

vulkan

הר געש

dvorac

טירה

duga

קשת בענן

gljiva

פטריה

palma

דקל

komarac

יתוש

muha

זבוב

mrav

נמלה

pčela

דבורה

pauk

עכביש

buba

חיפושית

žaba

צפרדע

vjeverica

סנאי

jež

קיפוד

zec

ארנב

sova

ינשוף

ptica

ציפור

labud

ברבור

divlja svinja

חזיר בר

jelen

צבי

los

אייל הקורא

brana

סכר

vjetrenjača

טורבינת רוח

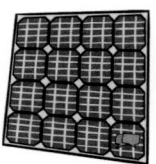

solarni modul

פנל סולארי

klima

אקלים

restoran

מסעדה

konobar
מלצר
jelovnik
תפריט
stolica
כסא
supa
מרק
pica
פיצה
pribor za jelo
סכו"ם
stolnjak
מפת שולחן

predjelo

מנת פתיחה

glavno jelo

מנה עיקרית

desert

קינוח

piće

שתיות

jelo

אוכל

flaša

בקבוק

brza hrana

מזון מהיר

jelo sa ulice

אוכל רחוב

čajnik

קנקן תה

šećernica

מסכרת

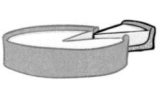

porcija

מנה

mašina za espreso

מכונת אספרסו

barska stolica

כסא תינוק

račun

חשבון

tacna

מגש

nož

סכין

viljuška

מזלג

kašika

כף

kašičica

כפית

salveta

מפית

čaša

כוס

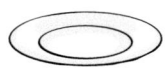

tanjir

צלחת

tanjir za supu

קערת מרק

tanjurić

תחתית

sos

רוטב

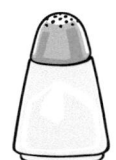

solanik

מלחייה

mlin za biber

מטחנת פלפל

sirće

חומץ

ulje

שמן

začini

תבלינים

kečap

קטשופ

senf

חרדל

majoneza

מיונז

supermarket
סופרמרקט

ponuda
מבצע
klijent
לקוח
mliječni proizvodi
מוצרי חלב
voće
פירות
kolica za kupovinu
עגלת קניות

mesnica- klaonica

אטליז

pekara

מאפייה

vagati

שקל

povrće

ירקות

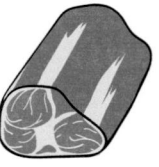

meso

בשר

zaleđena hrana

מזון קפוא

narezak

בשר קר

konzerve

שימורים

prašak za veš

אבקת כביסה

slatkiši

ממתקים

kućanski proizvodi

מוצרי בית

sredstvo za čišćenje

חומר ניקוי

prodavačica

מוכרת

kasa

קופה

blagajnik

קופאי

lista za kupovinu

רשימת קניות

radno vrijeme

שעות פתיחה

novčanik

ארנק

kreditna kartica

כרטיס אשראי

torba

תיק

najlonska vrećica

שקית נילון

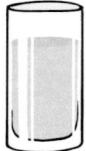

pića

שתיות

voda

מים

sok

מיץ

mlijeko

חלב

kola

קולה

vino

יין

pivo

בירה

alkohol

אלכוהול

kakao

קקאו

čaj

תה

kafa

קפה

espreso

אספרסו

kapućino

קפוצ'ינו

banana

בננה

jabuka

תפוח

narandža

תפוז

lubenica

אבטיח

limun

לימון

mrkva

גזר

bijeli luk

שום

bambus

במבוק

crveni luk

בצל

gljiva

פטריות

orašasti plodovi

אגוזים

pasta

אטריות

špagete

ספגטי

riža

אורז

salata

סלט

pomfrit

צ'יפס

pečeni krompir

צ'יפס

pica

פיצה

hamburger

המבורגר

sendvič

כריך

šnicla

שניצל

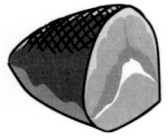

šunka

שינקין

kobasica

סלאמי

kobasica

נקניקיה

kokoš

עוף

pečenje

טיגון

riba

דג

zobene pahuljice

שיבולת שועל

muzli

מוזלי

kornfleks

קורנפלקס

brašno

קמח

kroason

קרואסון

zemičke

לחמנייה

kruh

לחם

tost

טוסט

keksi

עוגיות

maslac

חמאה

svježi sir

גבינה לבנה

kolač

עוגה

jaje

ביצה

jaje na oko

ביצת עין

sir

גבינה

sladoled

גלידה

šećer

סוכר

med

דבש

marmelada

ריבה

nugat krema

ממרח נוגט

kuri

קארי

seosko imanje

חווה

sjenik
אסם
bale sjena
חבילת שחת
polje
שדה
konj
סוס
prikolica
עגלת נגרר
traktor
טרקטור
ždrijebe
סייח
magarac
חמור
ovca
כבש
jagnje
טלה

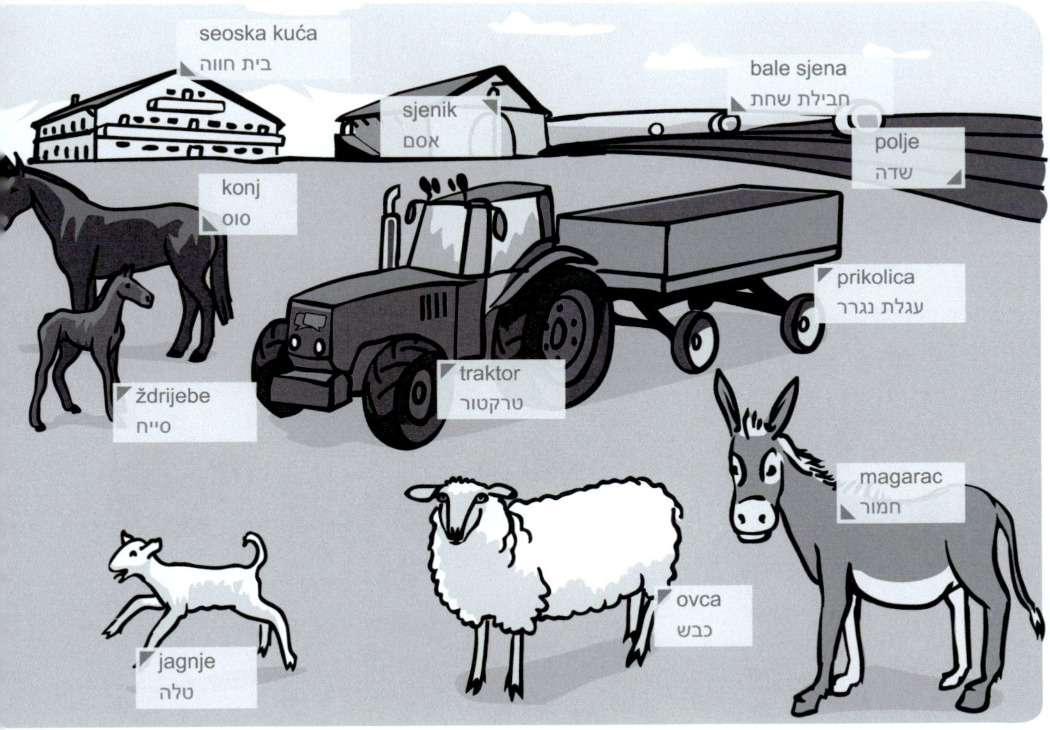

koza

עז

krava

פרה

tele

עגל

svinja

חזיר

prase

חזרזיר

bik

שור

guska

אווז

patka

ברווז

pile

אפרוח

kokoška

תרנגולת

pjetao

תרנגול

pacov

חולדה

mačka

חתול

miš

עכבר

vol

שור

pas

כלב

pseća kućica

מלונה

crijevo za baštu

צינור השקיה

kanta za zalijevanje

קנקן מים

kosa

חרמש

plug

מחרשה

srp

מגל

motika

מגרפה

vile

קלשון

sjekira

גרזן

tačke

מריצה

korito

שוקת

bokal za mlijeko

כד חלב

vreća

שק

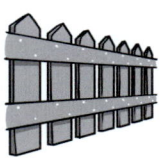

ograda

גדר

štala

אורווה

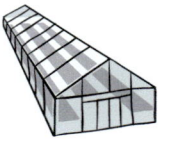

staklenik

חממה

tlo

אדמה

sjeme

זרע

đubrivo

דשן

kombajn

מקצרה

kositi

קצר

žetva

קציר

jam korijen

בטטה אפריקנית

pšenica

חיטה

soja

סויה

krompir

תפוח אדמה

kukuruz

תירס

uljana repica

קנולה

drvo voća

עץ פירות

manioka

קסבה

žito

דגנים

kuća

בית

dimnjak
ארובה
krov
גג
oluk
מרזב
prozor
חלון
garaža
מוסך
zvono
פעמון
vrata
דלת
kanta za smeće
פח אשפה
poštanski sandučić
תיבת מכתבים
bašta
גינה

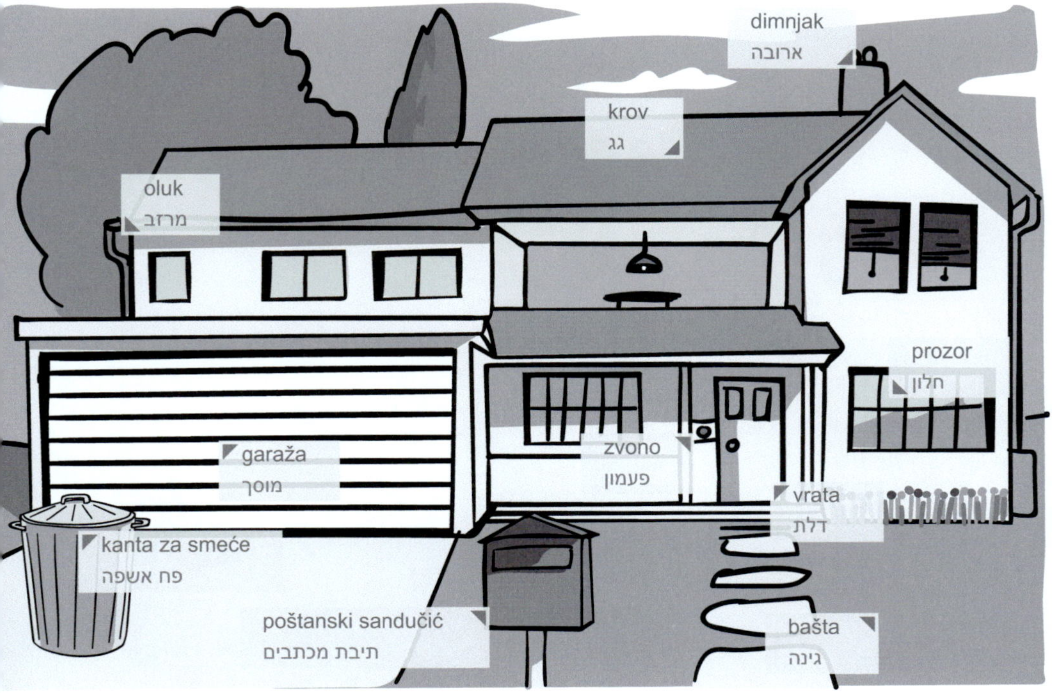

dnevni boravak

סלון

kupatilo

חדר אמבטיה

kuhinja

מטבח

spavaća soba

חדר שינה

dječija soba

חדר ילדים

trpezarija

חדר אוכל

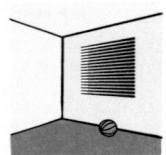

pod, tlo

רצפה

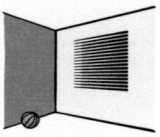

zid

קיר

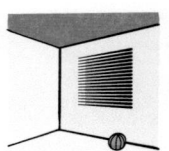

plafon

תקרה

podrum

מרתף

sauna

סאונה

balkon

מרפסת

terasa

מרפסת

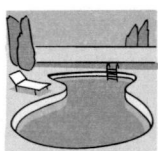

bazen

בריכה

kosilica

מכסחת דשא

posteljina

סדין

pokrivač

כיסוי מיטה

krevet

מיטה

metla

מטאטא

kanta

דלי

prekidač

מפסק

dnevni boravak

סלון

tapeta
טפט
fotografija
תמונה
lampa
מנורה
polica
מדף
ormar
ארון
televizija
טלוויזיה
dimnjak
אח
cvijet
פרח
jastuk
כרית
kauč
ספה
vaza
אגרטל
daljinski upravljač
שלט רחוק

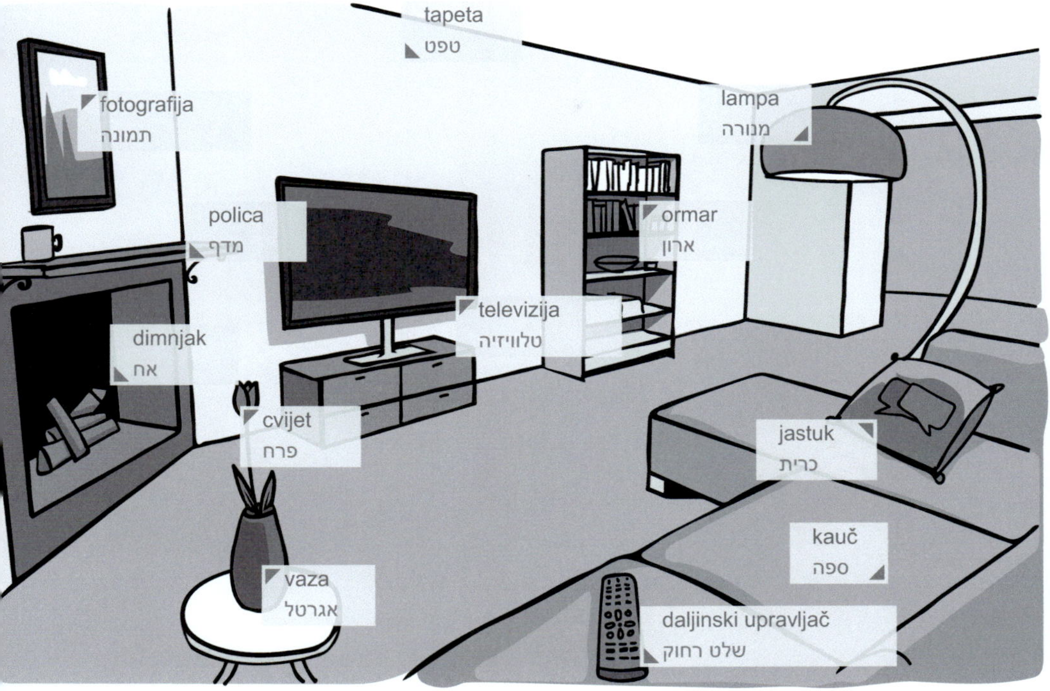

tepih

שטיח

zavjesa

וילון

stol

שולחן

stolica

כסא

stolica za ljuljanje

כיסא נדנדה

fotelja

כורסה

knjiga

ספר

deka

שמיכה

dekoracija

דקורציה

ložno drvo

עצי הסקה

film

סרט

stereo uređaj

מערכת סטריאו

ključ

מפתח

novine

עיתון

umjetnička slika

ציור

poster

פוסטר

radio

רדיו

blok za bilješke

מחברת

usisavač

שואב אבק

kaktus

קקטוס

svijeća

נר

kuhinja
מטבח

hladnjak
מקרר
mikrovalna pećnica
מיקרוגל
kuhinjska vaga
toster
טוסטר
sredstvo za čišćenje
חומר ניקוי
rerna
תנור
zamrzivač
מקפיא
kanta za smeće
פח אשפה
mašina za suđe, perilica
מדיח כלים

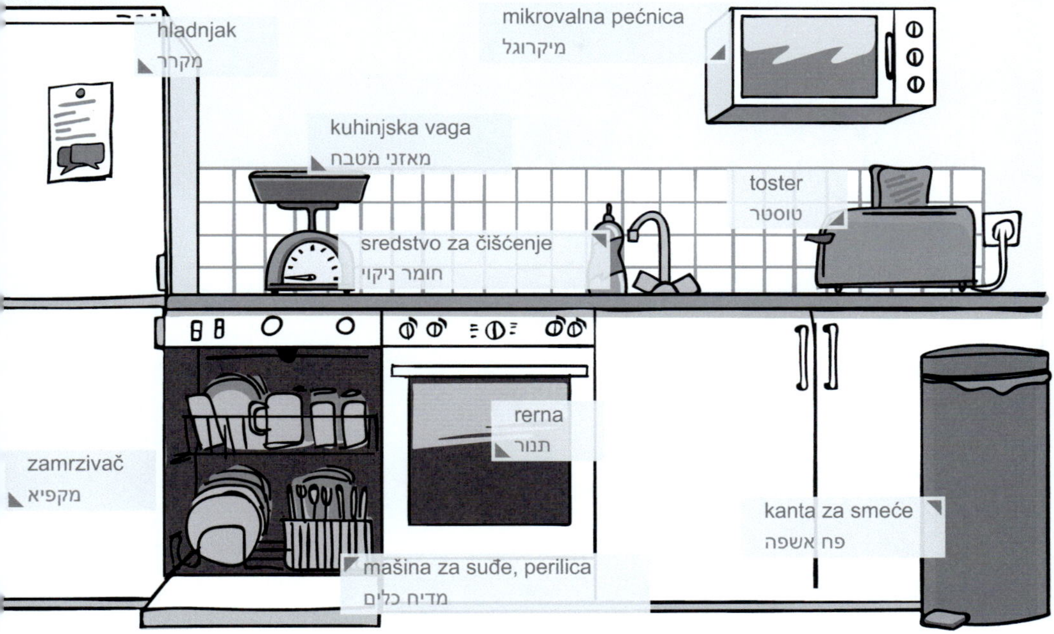

peć

תנור

lonac

סיר

metalni lonac

סיר ברזל

vok / kadai

ווק

tava, tiganj

מחבת

kuhalo

קומקום חשמלי

aparat za kuhanje na pari

מאדה

lim za pečenje

מגש אפייה

posuđe

כלי אוכל

šalica

ספל

činija

קערה

kineski štapići

צ'ופסטיקס

kutlača

מצקת

lopatica

מרית

metlica za snijeg bjelanjca

מטרפה

sito za kuhanje

מסננת בישול

sito

מסננת

ribež

מגרדת

avan s tučkom

מכתש

roštilj

גריל

ložište

מדורה

daska

קרש חיתוך

oklagija

מערוך

vadičep

פותחן פקקים

konzerva

פחית

otvarač za konzerve

פותחן קופסאות

krpe za lonac

מטלית

sudoper

כיור

četka

מברשת

spužva

ספוג

mikser

בלנדר

zamrzivač

מקפיא

flašica za bebu

בקבוק לתינוק

slavina

ברז

kupatilo

חדר אמבטיה

grijanje
חימום
peškir
מגבת
tuš
מקלחת
zavjesa za tuš
וילון מקלחת
pjenušava kupka
אמבטיית קצף
kada
אמבטיה
čaša
כוס
mašina za veš
מכונת כביסה
slavina
ברז
pločice
אריחים
dječja kahlica
סיר לילה
sudoper
כיור

toalet

אסלה

čučavac

אסלת כריעה

bide

בידה

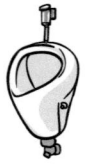

pisoar

משתנה

toalet papir

נייר טואלט

četka za wc

מברשת אסלה

četkica za zube

מברשת שיניים

pasta za zube

משחת שיניים

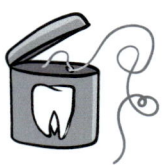

zubni konac

חוט דנטלי

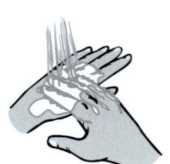

prati

שטף

tuš

מקלחת יד

intimni tuš

צינור שטיפה לשירותים

lavor

קערת רחצה

četka za leđa

מברשת גב

sapun

סבון

gel za tuširanje

ג'ל רחצה

šampon

שמפו

krpe za pranje

ליפה

odvod

ניקוז

krema

קרם

dezodorans

דיאודורנט

ogledalo

מראה

ogledalo za šminkanje

מראת יד

brijač

סכין גילוח

pjena za brijanje

קצף גילוח

vodica poslije brijanja

אפטרשייב

češalj

מסרק

četka

מברשת

fen

מייבש שיער

sprej za kosu

ספריי לשיער

puder

איפור

karmin

שפתון

lak za nokte

לק

vata

צמר גפן

makazice za nokte

מספריים לציפורניים

parfem

בושם

kozmetička torbica

תיק כלי רחצה

hoklica

שרפרף

vaga

משקל

kupaći ogrtač

חלוק רחצה

rukavice za čišćenje

כפפות גומי

tampon

טמפון

uložak za dame

תחבושת סניטרית

hemijski toalet

שירותים כימיקליים

dječija soba

חדר ילדים

budilnik
שעון מעורר
plišana igračka
צעצוע חיבוק
auto za igru
מכונית צעצוע
zvečka
רעשן
kućica za lutke
בית בובות
poklon
מתנה

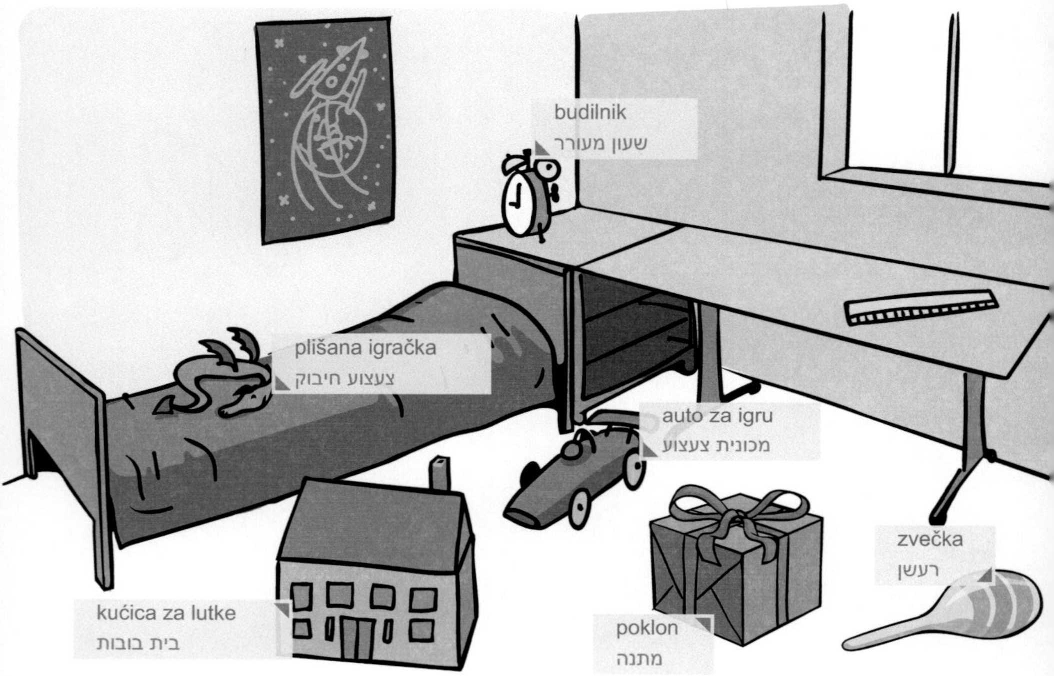

balon

בלון

krevet

מיטה

kolica za djecu

עגלה

karte za igranje

משחק קלפים

puzle

פאזל

strip

קומיקס

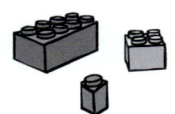

lego kockice

לגו

kockice za gradnju

קוביות משחק

akcione figure

דמות משחק

benkica

סרבל תינוקות

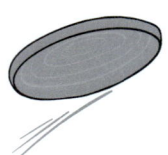

frizbi

פריזבי

mobile

נייד

igra na ploči

משחק לוח

kocka

קוביה

miniatura željeznice

רכבת צעצוע

cucla

מוצץ

zabava

מסיבה

slikovnica

אלבום תמונות

lopta

כדור

lutka

בובה

igrati

שיחק

pješćanik

ארגז חול

ljuljačka

נדנדה

igračke

צעצועים

konzola za igru

קונסולת משחקים

triciklo

אופניים תלת גלגלי

medvjedić

דובון

ormar

ארון בגדים

odjeća

בגדים

kratke čarape

גרביים

čarape

גרביונים

hulahopke

גרביון

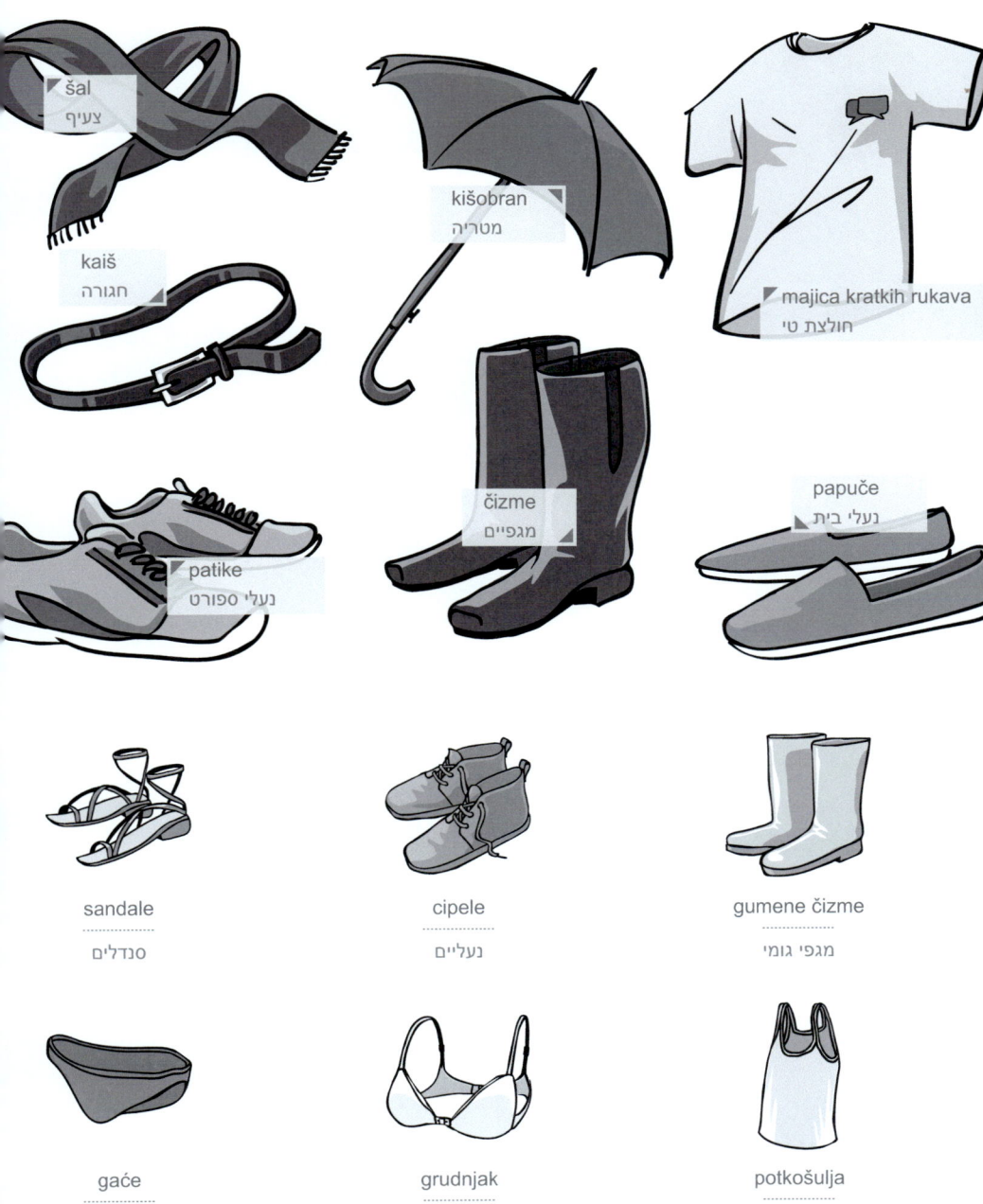

šal
צעיף

kišobran
מטריה

majica kratkih rukava
חולצת טי

kaiš
חגורה

čizme
מגפיים

papuče
נעלי בית

patike
נעלי ספורט

sandale

סנדלים

cipele

נעליים

gumene čizme

מגפי גומי

gaće

תחתונים

grudnjak

חזייה

potkošulja

וסט

odjeća - בגדים 45

bodi

גוף

hlače

מכנסיים

farmerke

ג'ינס

suknja

חצאית

bluza

חולצה מכופתרת

košulja

חולצה

džemper

אפודה

majica

סווצ'ר עם קפוצ'ון

sako

בלייזר

jakna

ז'קט

mantil

מעיל

kišni mantil

מעיל גשם

kostim

תלבושת

haljina

שמלה

vjenčanica

שמלת כלה

odijelo

חליפה

spavaćica

כותונת לילה

pidžama

פיג'מה

sari

סארי

marama

מטפחת ראש

turban

טורבן

burka

בורקה

kaftan

קאפטן

abaja

עבאיה

kupaći kostim

בגד ים

kupaće gaće

בגד ים

kratke hlače

מכנסיים קצרים

trenerka

בגד אימון

pregača

סינר

rukavice

כפפות

dugme

כפתור

naočare

משקפיים

narukvica

צמיד יד

ogrlica

שרשרת

prsten

טבעת

naušnica

עגיל

kapa

כובע

vješalica

קולב

šešir

כובע

kravata

עניבה

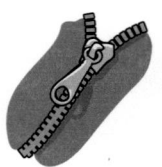

patentni zatvarač

רוכסן

kaciga

קסדה

tregeri za hlače

כתפיות

školska uniforma

תלבושת בית ספר

uniforma

מדים

podbradak

מפית אוכל

cucla

מוצץ

pelene

חיתול

ured

משרד

server
שרת
ormar za kartoteku
תיקייה
štampač
מדפסת
papir
נייר
monitor
מסך
miš
עכבר
pisaći sto
שולחן עבודה
registrator
תיק
tastatura
מקלדת
korpa za papir
סל נייר
kompjuter
מחשב
stolica
כסא

šolja za kafu

ספל קפה

kalkulator

מחשבון

internet

אינטרנט

laptop

מחשב נייד

pismo

מכתב

poruka

הודעה

mobilni telefon

נייד

mreža

רשת

aparat za kopiranje

מכונת צילום

softver

תוכנה

telefon

טלפון

utičnica

שקע

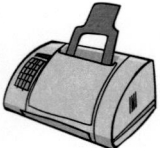

faks

פקס

formular

טופס

dokument

מסמך

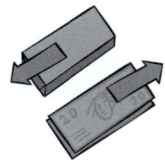

kupovati

קנה

platiti

שילם

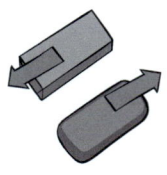

trgovati

סחר

novac

כסף

dolar

דולר

euro

יורו

jen

ין

rublja

רובל

franak

פרנק שווייצרי

renminbi jen

יואן רנמינבי

rupi

רופי

bankomat

כספומט

mjenjačnica

המרת מטבע

zlato

זהב

srebro

כסף

nafta

נפט

energija

אנרגיה

cijena

מחיר

ugovor

חוזה

porez

מס

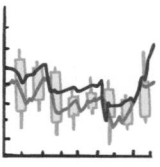

akcija

מנייה

raditi

עבד

službenik

עובד

poslodavac

מעסיק

fabrika

מפעל

radnja

חנות

zanimanja
מקצועות

policajac
שוטר
vatrogasac
כבאי
kuhar
טבח
ljekar
רופא
pilot
טייס

baštovan

גנן

stolar

נגר

krojačica

תופרת

sudija

שופט

hemičar

כימאי

glumac

שחקן

vozač autobusa

נהג אוטובוס

vozač taksija

נהג מונית

ribar

דייג

čistačica

עובדת נקיון

krovopokrivač

מתקן גגות

konobar

מלצר

lovac

צייד

moler

צייר

pekar

אופה

električar

חשמלאי

građevinski radnik

עובד בניין

inženjer

מהנדס

koljač

קצב

limar, vodoinstalater

אינסטלטור

poštar

דוור

vojnik

חייל

arhitekta

אדריכל

blagajnik

קופאי

cvjećar

מוכר פרחים

frizer

ספר

kontrolor

כרטיסן

mehaničar

מכונאי

kapiten

קברניט

zubar

רופא שיניים

naučnik

מדען

rabin

רב

imam

אימאם

monah

נזיר

sveštenik

כומר

alat
כלי עבודה

čekić
פטיש
kliješta
צבת
izvijač
מברג
vijčani ključ
מפתח ברגים
džepna lampa
פנס

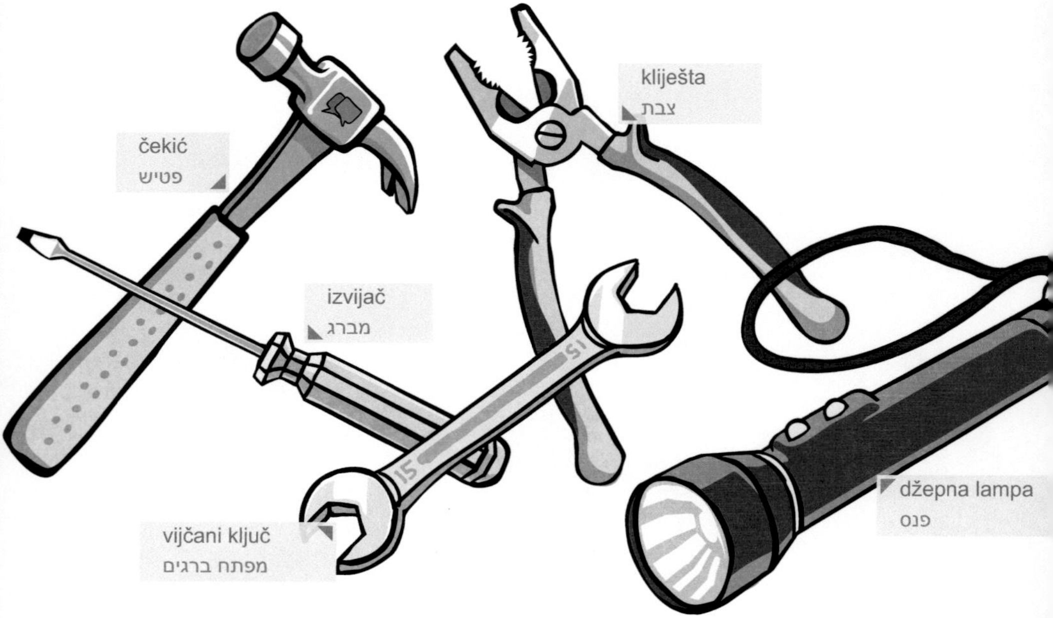

bager

דחפור

kutija sa alatom

ארגז כלים

ljestve

סולם

testera, pila

מסור

ekser

מסמרים

bušilica

מקדחה

popraviti

תיקון

lopata

את חפירה

sranje!

לעזאזל!

lopatica

יעה

kanta boje

פח צבע

vijak

ברגים

muzički instrumenti

כלי נגינה

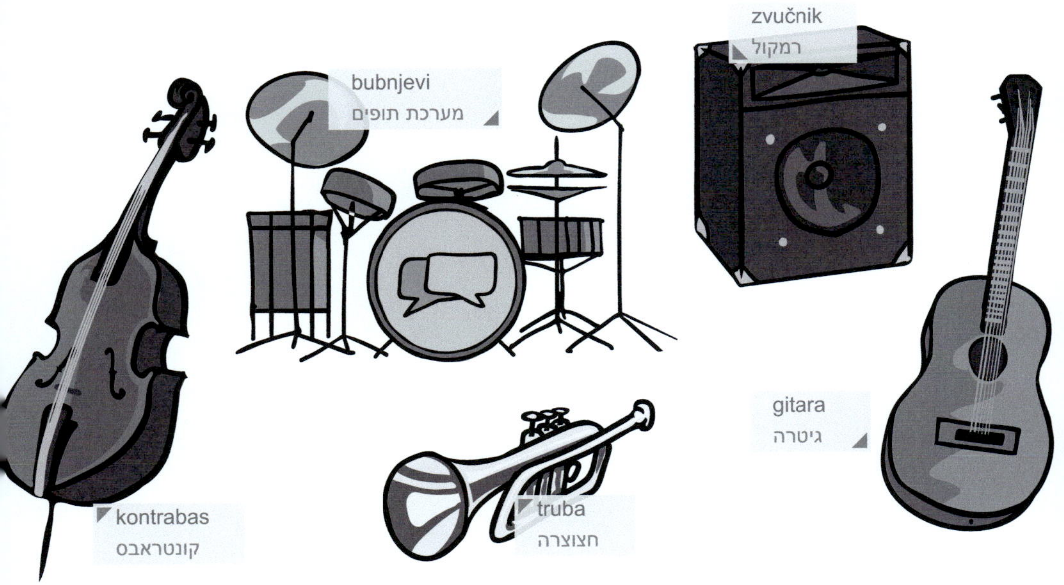

zvučnik
רמקול
bubnjevi
מערכת תופים
gitara
גיטרה
kontrabas
קונטראבס
truba
חצוצרה

klavir

פסנתר

violina

כינור

bas

בס

bubanj timpani

תוף הדוד

bubanj

תופים

sintisajzer

מקלדת פסנתר

saksofon

סקסופון

flauta

חליל

mikrofon

מיקרופון

zološki vrt

גן חיות

ulaz
כניסה
tigar
נמר
kavez
כלוב
zebra
זברה
hrana za životinje
מזון לחיות
panda
פנדה

životinje

בעלי חיים

slon

פיל

kengur

קנגרו

nosorog

קרנף

gorila

גורילה

medvjed

דוב

kamila

גמל

noj

יען

lav

אריה

majmun

קוף

flamingo

פלמינגו

papagaj

תוכי

polarni medvjed

דוב הקרח

pingvin

פינגווין

morski pas

כריש

paun

טווס

zmija

נחש

krokodil

תנין

čuvar u zološkom vrtu

שומר גן החיות

tuljan

כלב ים

jaguar

יגואר

poni

סוס פוני

leopard

לאופרד

nilski konj

היפופוטאם

žirafa

ג'ירפה

orao

נשר

divlja svinja

חזיר בר

riba

דג

kornjača

צב

morž

סוס ים

lisica

שועל

gazela

איילה

sport

ספורט

američki fudbal
פוטבול אמריקאי
vožnja bicikla
רכיבת אופניים
tenis
טניס
košarka
כדורסל
plivanje
שחיה
boks
אגרוף
hokej na ledu
הוקי

fudbal

כדורגל

bedminton

בדמינטון

laka atletika

אתלטיקה

rukomet

כדור-יד

skijanje

עשה סקי

polo

פולו

aktivnosti
פעילויות

skakati
קפץ
zagrliti
חיבק
smijati se
צחק
ići
הלך
pjevati
שר
sanjati
חלם
moliti
התפלל
ljubiti
נשק

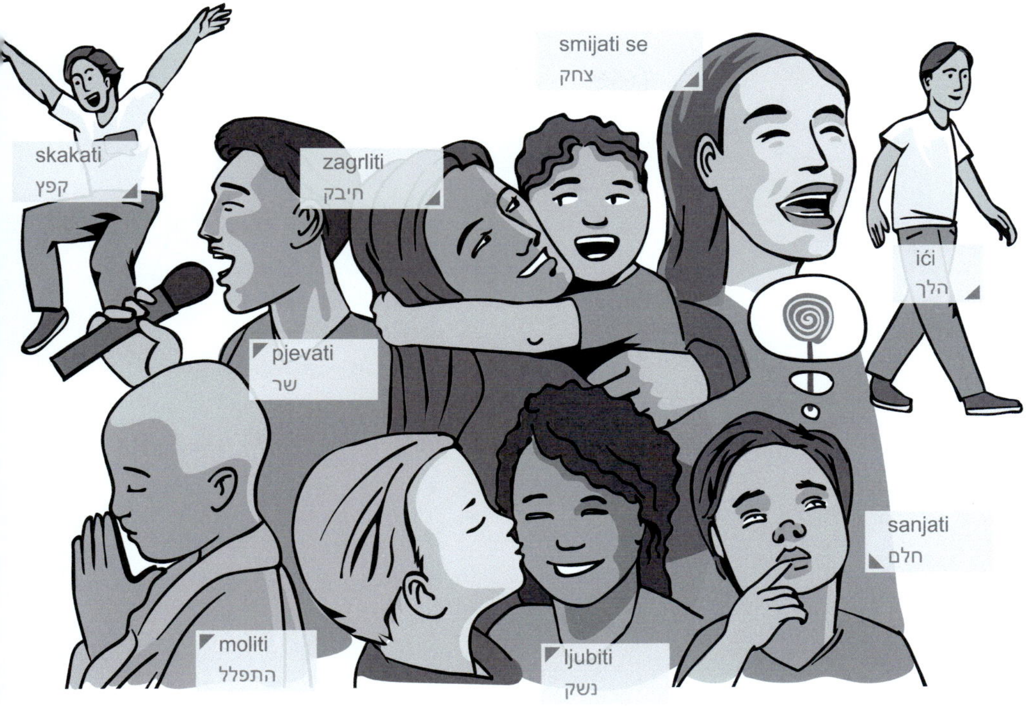

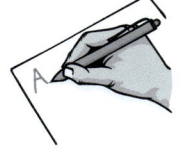

pisati

כתב

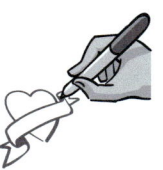

crtati

צייר

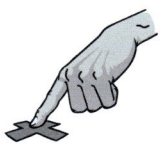

pokazati

הראה

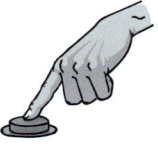

gurati

דחף

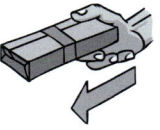

dati

נתן

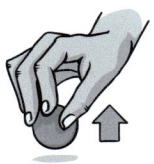

uzeti

לקח

imati

יש / להיות הבעלים

raditi

עשה

biti

היה

stajati

עמד

trčati

רץ

vući

משך

baciti

זרק

pasti

נפל

ležati

שכב

čekati

חיכה

nositi

סחב

sjediti

ישב

obući

התלבש

spavati

ישן

probuditi

התעורר

aktivnosti - פעילויות

pogledati

הסתכל ב-

plakati

בכה

milovati

ליטף

češljati

סירק

govoriti

דיבר

razumjeti

הבין

pitati

שאל

slušati

שמע

piti

שתה

jesti

אכל

pospremiti

סידר

voljeti

אהב

kuhati

בישל

voziti

נהג

letjeti

עף

jedriti

שט

računati

חישב

čitati

קרא

učiti

למד

raditi

עבד

vjenčavti

התחתן

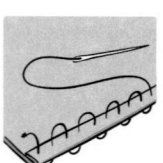

šiti

תפר

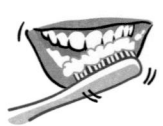

prati zube

ציחצח שיניים

ubiti

הרג

pušiti

עישן

slati

שלח

porodica

משפחה

baka
סבתא
djed
סבא
otac
אבא
majka
אימא
beba
תינוק
kćerka
בת
sin
בן

gost

אורח

ujna, tetka, strina

דודה

ujak, tetak, stric

דוד

brat

אח

sestra

אחות

tijelo

גוף

čelo
מצח
oko
עין
leđa
כתף
prst
אצבע
lice
פנים
brada
סנטר
ruka, šaka
כף יד
grudi
חזה
noga
רגל
ruka
זרוע

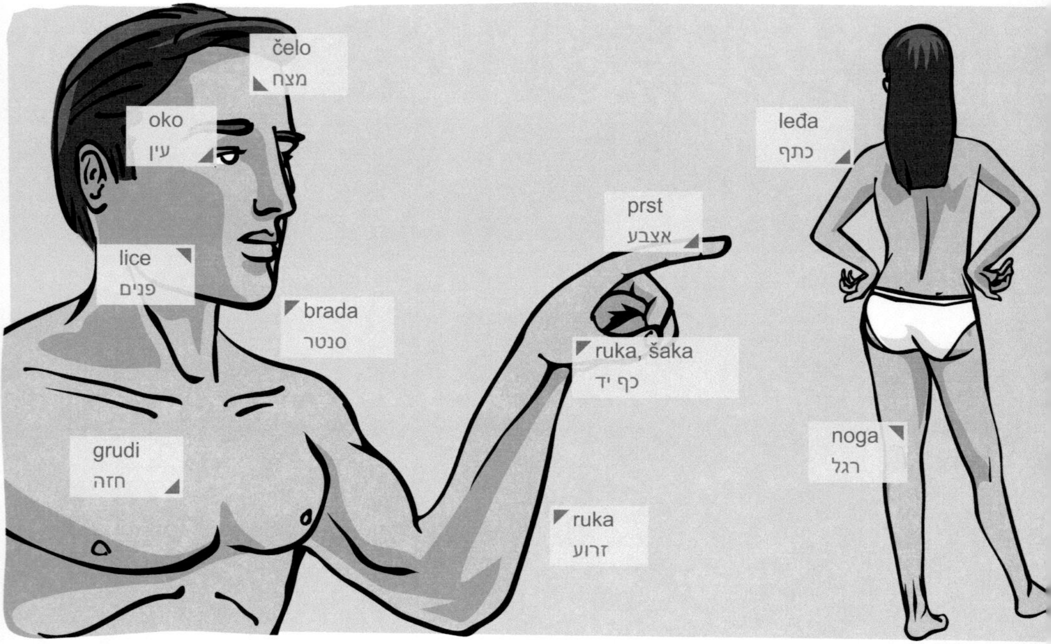

beba

תינוק

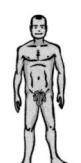

muškarac

איש

žena

אישה

djevojčica

ילדה

dječak

ילד

glava

ראש

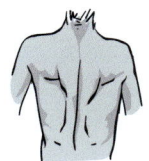

leđa

גב

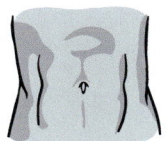

stomak

בטן

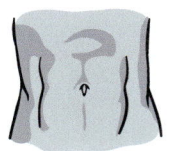

pupak

טבור

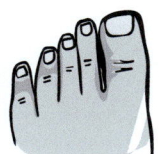

nožni prst

אצבע

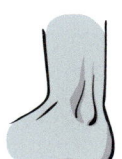

peta

עקב

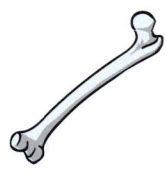

kosti

עצם

kuk

ירך

koljeno

ברך

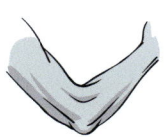

lakat

מרפק

nos

אף

stražnjica

עכוז

koža

עור

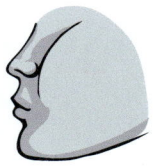

obraz

לחי

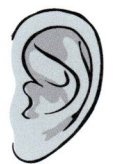

uho

אוזן

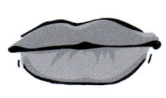

usna

שפתיים

usta

פה

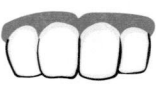

zub

שן

jezik

לשון

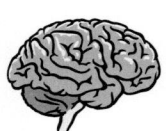

mozak

מוח

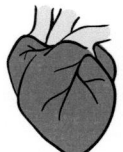

srce

לב

mišić

שריר

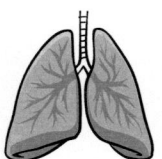

pluća

ריאה

jetra

כבד

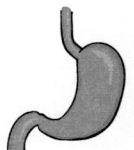

želudac

קיבה

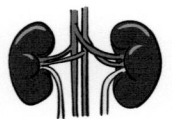

bubreg

כליות

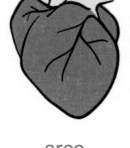

spolni odnos

מין

kondom

קונדום

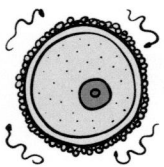

jajna ćelija

ביצית

sperma

זרע

trudnoća

הריון

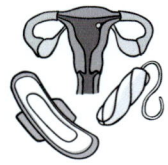

menstruacija

וסת

vagina

נרתיק

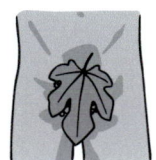

penis

פין

obrva

גבה

kosa

שיער

vrat

צוואר

bolnica

בית חולים

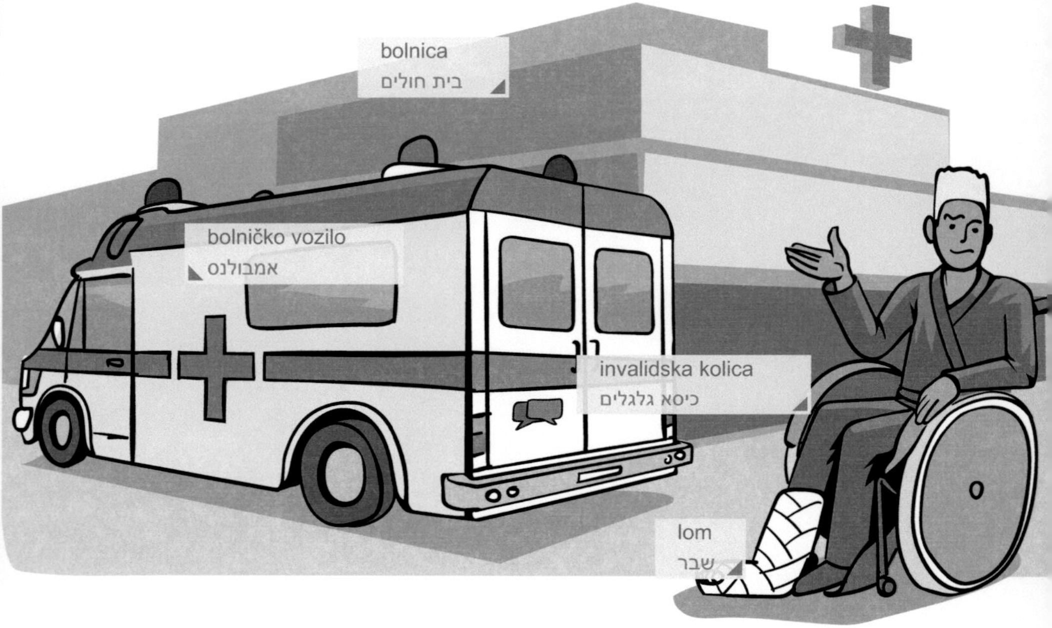

bolnica
בית חולים
bolničko vozilo
אמבולנס
invalidska kolica
כיסא גלגלים
lom
שבר

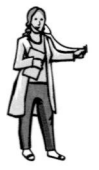

ljekar

רופא

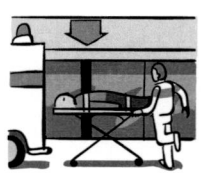

hitna služba

חדר מיון

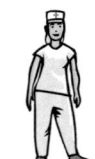

medicinska sestra

אחות

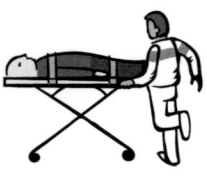

hitna pomoć

חירום

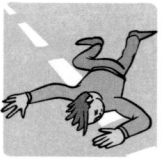

nesvjest

חסר הכרה

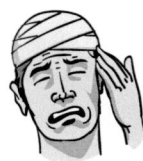

bol

כאב

povreda

פציעה

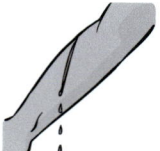

krvarenje

דימום

srčani udar, infarkt

התקף לב

moždani udar

שבץ

alergija

אלרגיה

kašalj

שיעול

groznica

חום

gripa

שפעת

proljev

שלשול

glavobolja

כאב ראש

rak

סרטן

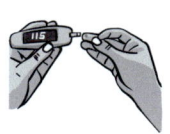

dijabetes

סוכרת

hirurg

מנתח

skalpel

אזמל

operacija

ניתוח

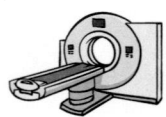

CT

סי-טי

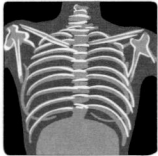

rendgen

רנטגן

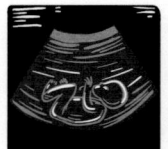

ultrazvuk

אולטרסאונד

maska

מסיכת פנים

bolest

מחלה

čekaonica

חדר המתנה

štake

קבה

flaster

פלסטר

zavoj

תחבושת

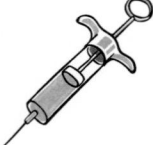

injekcija

זריקה

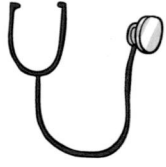

stetoskop

סטטוסקופ

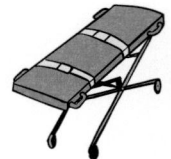

nosilo

אלונקה

termometar

מד חום

porod

לידה

prekomjerna težina, debljina

עודף משקל

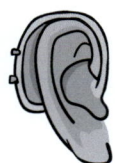

slušni aparat

מכשיר שמיעה

sredstvo za dezinfekciju

מחטא

infekcija

זיהום

virus

נגיף

HIV/ AIDS

איידס

medicina

תרופה

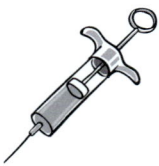

vakcinacija

חיסון

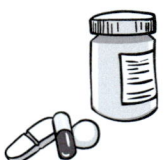

tablete

טבליות

pilula

גלולה

hitni poziv

קריאת חירום

aparat za mjerenje pritiska

מד לחץ דם

bolestan / zdrav

חולה / בריא

hitna pomoć

חירום

Upomoć!

הצילו!

alarm

אזעקה

napad, prepad

פשיטה

napad

תקיפה

opasnost

סכנה

izlaz u slučaju opasnosti

יציאת חירום

Požar!

אש!

vatrogasni aparat

מטף כיבוי

nezgoda

תאונה

torba prve pomoći

ערכת עזרה ראשונה

SOS

הצילו!

policija

משטרה

Zemlja

כדור הארץ

Europa

אירופה

Sjeverna Amerika

צפון אמריקה

Južna Amerika

דרום אמריקה

Afrika

אפריקה

Azija

אסיה

Australija

אוסטרליה

Atlantik

האוקיינוס האטלנטי

Pacifik

האוקיינוס השקט

Indijski okean

האוקיינוס ההודי

Antarktički okean

האוקיינוס האנטרקטי

Arktički okean

האוקיינוס הארקטי

Sjeverni pol

הקוטב הצפוני

Južni pol

הקוטב הדרומי

Antarktik

אנטארקטיקה

Zemlja

כדור הארץ

zemlja

אדמה

more

ים

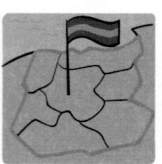

ostrvo

אי

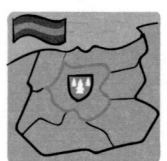

nacija

לאום

država

מדינה

sat
שעון

brojčanik sata

פני השעון

kazaljka sata

מחוג השעות

kazaljka minute

מחוג הדקות

kazaljka sekunde

מחוג השניות

Koliko je sati?

?מה השעה

dan

יום

vrijeme

זמן

sada

עכשיו

digitalni sat

שעון דיגיטלי

minuta

דקה

sat

שעה

sedmica, nedjelja

שבוע

ponedjeljak
יום שני
MO
srijeda
יום רביעי
W
petak
יום שישי
FR
TU
TH
subota
יום שבת
SA
utorak
יום שלישי
četvrtak
יום חמישי
nedjelja

21

juče

אתמול

2

danas

היום

3

sutra

מחר

jutro

בוקר

podne

צהריים

veče

ערב

MO TU WE TH FR SA SU
1 2 3 4 5 6 7
8 9 10 11 12 13 14
15 16 17 18 19 20 21
22 23 24 25 26 27 28
29 30 31 1 2 3 4

radni dani

ימי עבודה

MO TU WE TH FR SA SU
1 2 3 4 5 6 7
8 9 10 11 12 13 14
15 16 17 18 19 20 21
22 23 24 25 26 27 28
29 30 31 1 2 3 4

vikend

סוף שבוע

godina

שנה

duga
קשת בענן
kiša
גשם
snijeg
שלג
vjetar
רוח
proljeće
אביב
jesen
סתיו
ljeto
קיץ
zima
חורף

prognoza vremena

תחזית מזג האוויר

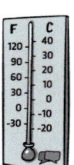

C

termometar

מד חום

sunčev sjaj

אור שמש

oblak

ענן

magla

ערפל

vlažnost vazduha

לחות

munja

ברק

grom

רעם

oluja

סערה

tuča, led

ברד

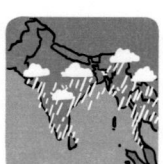

monsun

רוח עונתי

poplava

שיטפון

led

קרח

januar

ינואר

februar

פברואר

mart

מרץ

april

אפריל

maj

מאי

juni

יוני

juli

יולי

avgust

אוגוסט

septembar

ספטמבר

oktobar

אוקטובר

novembar

נובמבר

decembar

דצמבר

oblici

צורות

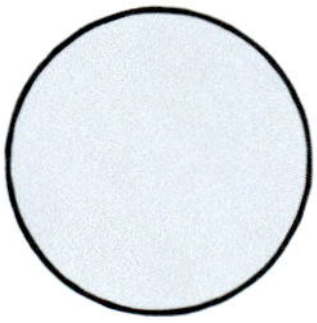

krug

עיגול

kvadrat

מרובע

pravougao

מלבן

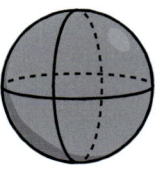

trougao

משולש

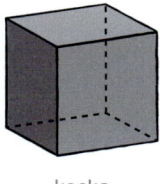

kugla

כדור

kocka

קובייה

boje

צבעים

bjel

לבן

žut

צהוב

narandžast

כתום

pink

ורוד

crven

אדום

ljubičast

סגול

plav

כחול

zelen

ירוק

smeđ

חום

siv

אפור

crn

שחור

suprotnosti
הפכים

malo / mnogo

הרבה / מעט

ljutit / miran

כועס / רגוע

lijep / ružan

יפה / מכוער

početak / kraj

התחלה / סוף

veliki / mali

גדול / קטן

svijetlo / tamno

בהיר / כהה

brat / sestra

אח / אחות

čist / prljav

נקי / מלוכלך

potpun / nepotpun

שלם / חלקי

dan / noć

יום /לילה

mrtav / živ

מת / חי

široko / usko

רחב / צר

ukusno / neukusno

אכיל / לא אכיל

zao / prijatan

רשע / טוב לב

uzbuđen / dosadan

מתרגש / משועמם

debeo / mršav

שמן / רזה

najprije / najkasnije

ראשון / אחרון

prijatelj / neprijatelj

חבר / אויב

pun / prazan

מלא / ריק

trvd / mekan

קשה / רך

težak / lagan

כבד / קל

glad / žeđ

רעב / צמא

bolestan / zdrav

חולה / בריא

ilegalan / legalan

בלתי-חוקי / חוקי

inteligentan / glup

נבון / טיפש

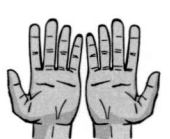

lijevo / desno

שמאל / ימין

blizu / daleko

קרוב / רחוק

nov / polovan

חדש / משומש

ništa / nešto

כלום / משהו

star / mlad

זקן / צעיר

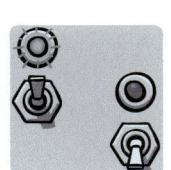

uključeno / isključeno

פעיל / כבוי

otvoreno / zatvoreno

פתוח / סגור

tiho / glasno

שקט / רועש

bogat / siromašan

עשיר / עני

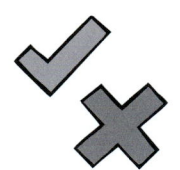

tačno / pogrešno

נכון / שגוי

hrapav / glatak

מחוספס / חלק

tužan / srećan

עצוב / שמח

kratak / dug

קצר / ארוך

spor / brz

איטי / מהיר

mokro / suho

רטוב / יבש

toplo / hladno

חם / קר

rat / mir

מלחמה / שלום

brojevi

מספרים

0

nula

אפס

1

jedan

אחת

2

dva

שתיים

3

tri

שלוש

4

četiri

ארבע

5

pet

חמש

6

šest

שש

7

sedam

שבע

8

osam

שמונה

9

devet

תשע

10

deset

עשר

11

jedanaest

אחת-עשרה

12
dvanaest

שתים-עשרה

13
trinaest

שלוש-עשרה

14
četrnaest

ארבע-עשרה

15
petnaest

חמש-עשרה

16
šesnaest

שש-עשרה

17
sedamnaest

שבע-עשרה

18
osamnaest

שמונה-עשרה

19
devetnaest

תשע-עשרה

20
dvadeset

עשרים

100
sto

מאה

1.000
hiljada

אלף

1.000.000
milion

מיליון

jezici
שפות

engleski

אנגלית

američki engleski

אנגלית אמריקאית

kinesko mandarinski

סינית מנדרינית

hindi

הודית

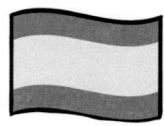

španski

ספרדית

francuski

צרפתית

arapski

ערבית

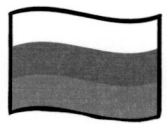

ruski

רוסית

portugalski

פורטוגזית

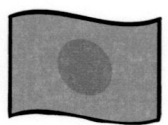

bengalski

בנגלית

njemački

גרמנית

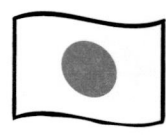

japanski

יפנית

ko / šta / gdje

מי / מה / איך

ja

אני

ti

אתה / את

on / ona / ono

הוא / היא / זה

mi

אנחנו

vi

אתם

oni

הם

ko?

מי?

šta?

מה?

kako?

איך?

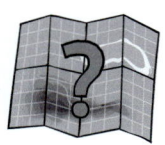

gdje?

איפה?

kada?

מתי?

ime

שם

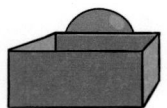

gdje

איפה

iza

מאחור

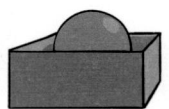

u

בתוך

pred

לפני

iznad

מעל

na

על

ispod

מתחת

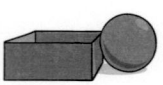

pored

ליד

između

בין

mjesto

מקום